박혜성 산부인과 원장의 유쾌한 러브레터 · 2

여자의 몸은 모두가 꽃이다

박혜성 산부인과 원장의 유쾌한 러브레터·2
여자의 몸은 모두가 꽃이다

인쇄 | 2025년 4월 20일
발행 | 2025년 4월 25일

글쓴이 | 박혜성
펴낸이 | 장호병
펴낸곳 | 북랜드
　　　　04556 서울시 중구 퇴계로41가길 11-6, JHS빌딩 501호
　　　　41965 대구시 중구 명륜로2길 64(남산동)
　　　　대표전화 (02)732-4574, (053)252-9114
　　　　팩시밀리 (02)734-4574, (053)252-9334
　　　　등록일 | 1999년 11월 11일
　　　　등록번호 | 제13-615호
　　　　홈페이지 | www.bookland.co.kr
　　　　이-메일 | bookland@hanmail.net

책임편집 | 김인옥
기　　획 | 전은경
교　　열 | 서정랑

ⓒ 박혜성, 2025, Printed in Korea
저자와의 협의하에 인지를 생략합니다.

ISBN 979-11-7155-126-2 03810
ISBN 979-11-7155-127-9 05810 (E-book)

값 10,000원

박혜성 산부인과 원장의 유쾌한 러브레터 · 2

여자의 몸은 모두가 꽃이다

북랜드

| 저자의 말 |

두 번째 시집을 내면서

박혜성은 산부인과 전문의이며 두 아이의 엄마다.

동두천에 개업해서 30년째 자리를 지키고 있으며
유튜브 산부인과 TV를 만든 지 7년째이며
팟캐스트를 한 것까지 치면 방송을 시작한 지는 10년이 훌쩍 넘었고
의료활동을 통해 성性을 공부하고 연구한 지는 23년이 되었다.

나는 무엇이든지 시작하면 그냥 열심히 꾸준히 했다.
허홍구 시인이 산부인과 전문의가 쓸 수 있는
특별한 시를 써보라고 권유했다.

내 주제에 무슨 시인가? 라는 생각을 하면서 여러 번 거절했지만
이해인 시인의 시가 바로 사람에게 보내는 사랑의 편지라고 하시며
나를 찾는 상담자와, 사랑하고자 하면서도 사랑할 줄 모르는 부부에게
누구든지 사랑할 수 있다는 메시지message를 편지글처럼 그냥 썼다.

여전히 내가 쓴 시는 너무나 부끄럽고 어색하다.
하지만 누군가 나의 시를 읽고 고개를 끄덕이며 공감해 준다면
나는 진료의 한 방법으로 시 쓰기를 그치지 않고 싶다
사랑하고 행복할 수 있다면 이미 그것으로 충분히 감사하다!

2025년 빛나는 봄날에 **박혜성**

차례

• 저자의 말_두 번째 시집을 내면서

1 유혹의 기술

유혹의 기술 | 12
갑을 관계 | 13
명기 | 14
음악 | 15
오르가슴 | 16
음경 | 17
질 | 18
키스 | 19
음핵 | 20
마사지 | 21
명약 名藥 | 22
속궁합 | 23
사랑의 묘약 | 24
사랑의 언어 | 25
월경 | 26
출산 | 27
산부인과 의사·1 | 28
산부인과 의사·2 | 30
산부인과 의사·3 | 31
이쁜이 수술·1 | 32
이쁜이 수술·2 | 33

2 아름다운 꽃

아름다운 꽃 | 36
슬기로운 부부생활 | 37
슬기로운 성생활 | 38
성교통 | 39
질 건조증 | 40
질 회춘 | 41
교만과 우울 사이 | 42
나의 휴식 | 43
나의 취미 | 44
나의 선택과 고통 | 45
권태기 | 46
노년의 사랑 | 47
호기심·1 | 48
호기심·2 | 49
같이 즐거워야 | 50

3 아기 천사님

아기 천사님 | 52
임산부의 꿈 | 53
에미의 꿈 | 54
아들과 딸에게 | 55
나의 기도 | 56
엄마 | 57
나는 아직도 울고 싶어요 | 58
부부 | 59
다섯 가지의 도둑 | 60
곰보다는 여우 | 61
고마운 것과 사랑하는 것 | 62
갱년기 | 63
체력이 떨어지면 | 64
폐경 이후의 삶 | 65
치매 | 66

4 홍시

홍시 | 70
첫사랑 | 71
사랑하세요 | 72
술 | 73
사랑에 대한 변명 | 74
여자에게 밤은 | 76
남자에게 밤은 | 77
우울증 | 78
간병인 | 79
환자의 소망 | 80
입 | 81
커피 | 82
위 | 84
손 | 85
눈 | 86
의사의 역할 | 87
나의 외로움 | 88
할매 | 89

| 추천사 |
사랑은 소유가 아니다 존중이다! - 윤향기 | 90
성과 사랑, 행복을 만들어가는 - 장호병 | 92
박혜성 시인의 시! - 허홍구 | 93

1
유혹의 기술

유혹의 기술

사랑하는 사람에게
사랑받고 싶어요

그런데 마음을
표현하기가 어려워요

어떻게 사랑하는 사람을
유혹할 수 있을까요?
기술을 알려 주세요

많은 유혹의 기술 중
가장 쉬운 것은
눈을 보고
미소를 지으면서
친절하게 말하는 거예요

그러면
당신이 원하는 사람을
유혹할 수 있어요

갑을 관계

모든 관계에는 갑과 을이 있다

돈을 주는 사람과 돈을 받는 사람
사랑을 주는 사람과 사랑을 받는 사람

그런데 돈을 못 버는 주부는
언제나 을이 되어 갑이 되고 싶다

그녀가 갑이 되는 방법은 뭐가 있을까

기막힌 처방
그것은 맛있는 섹스다

명기

첼로나 바이올린에
스트라디바리우스가 있다면
여성에게는 명기가 있죠

명기가 소리를 내기 위해서는
명기를 연주하는
명장이 있어야 하죠

명장이 연기하는 명기의 소리는
사람의 마음을 움직이고
사랑하는 감정을 샘솟게 하고
세상을 행복하게 만들죠

당신은 명기인가요?
당신은 명장인가요?
아름다운 소리를 낼 수 있나요?

몸이 내는 아름다운 소리!
당신도 할 수 있습니다

음악

색소폰 소리는 섹시하고

첼로 음악은 사랑에 빠지게 만들고

블루스는 몸을 부비게 하고

댄스곡은 사랑에 미치게 만들고

빗소리 음악은 사랑에 젖게 하고

흘러간 팝송은 사랑을 기억하게 만든다

사랑에 빠진 남녀에게

음악은 모두 작은 도구이다

오르가슴

오르고 싶은 사랑의 목표
오르가슴

잘 오르고 싶어도
쉽게 오르지 못하는
에베레스트 큰 산처럼
오르가슴의 능선은 험난하기만 하다

오! 오르가슴이여!
너의 그 장관을
언제나 볼 수 있는 거냐

오르가슴
그 황홀하고도 멋진 느낌이여

음경

남자에게 가장 소중한 부위는 음경이에요

음경은 남자의 자존심이고 힘이죠

음경의 힘은 곧 남자의 힘이에요
그만큼 음경의 강직도는 중요해요

만약에 남자에게 음경이
발기가 안 된다고 생각해 봐요
어떨지!

당신의 음경을 소중히 다루세요
음경이 단단하고 혈액이 잘 돌게
매일 운동하세요

음경이 서야 사랑이 시작되니까요!

질

여자에게 가장 소중한 부위는 질이에요

질을 통해서 아기가 태어나고
생리를 하고 사랑을 하죠

질의 질은 사랑의 질이에요
그만큼 질의 질은 중요해요

만약에 여자에게 질이
없다고 생각해 봐요
어떨지!

당신의 질을 소중히 다루세요
질을 닦고 조이고 기름칠하세요

질은 사랑의 오작교이니까요!

키스

앞으로 일어날 일을 예측한다
그래서 위험하고도 맘 설렌다

뜨거운 키스는 뜨거운 사랑을
밍밍한 키스는 밍밍한 사랑을
노no 키스는 노no 사랑이다

뜨거운 사랑을 하고 싶으면
뜨거운 키스를 하자
내 운명은 내 행동이 결정하니까

그것이 정답이다

음핵

오직 즐거움만을 위해 존재해요

이것의 역할은 오직 즐거움뿐

여자의 몸에 있는 가장 중요한 핵

이것을 자세히 찾지 않으면

숨어있는 곳을 찾을 수 없어요

꼭꼭 숨어라 머리카락 보일라

꼭꼭 숨어있는 음핵을 찾아보세요

나와 당신의 즐거움을 위해서

마사지

피곤할 때 마사지를 받아보자

연인이 피곤할 때 마사지를 해 주자

두피, 얼굴, 목, 등 아래로 내려와서
내 몸의 긴장을 풀어주면

뇌에서 화학반응이 일어나고
몸에서 엔돌핀이 돌고
사랑의 감정이 부푼다

마음이 꿈틀거리고 몸이 꿈틀거리고
잠자던 사랑이 꿈틀거린다

이런 매직을 본 적이 있는가!
당장 시작해 보자!

명약 名藥

나이가 들수록 자꾸 아프시다고요
잘 먹어야 하고 운동을 해야 합니다

아프면 의사의 치료도 받아야 하지만
먼저 몸과 마음이 즐거워야 한답니다

스스로 고쳐가는 명약이 있습니다
내 몸의 병 90%가 도망가게 한다는

고마워하고 기분 좋게 살아가는 마음
누구든지 만들 수 있는 명약입니다

속궁합

속궁합만 맞아도
남녀가 잘 살 수 있다고 하네요

그런데 속궁합이 정말 있나요?
속궁합이 뭔가요?

예전에는 사주로 속궁합을 봤고
지금은 맞춰보면 알 수 있죠

속궁합은 타고나는 건가요?
맞는 사람을 찾아야 하는 건가요?
아님, 맞출 수 있는 건가요?

속궁합은 운명이 아니에요
개척할 수 있어요
노력해서 만들 수 있어요

사랑의 묘약

우울증 진단을 받으면
항우울제를 복용한다.

고혈압 진단을 받으면
항고혈압제를 복용한다.

사랑에 빠지려면
사랑의 묘약이 필요하다.

수줍은 미소 하나
친절한 손짓 하나
맛있는 유머 한 마디
따뜻한 배려 하나

마지막 마무리는
두 사람의 마음이 하나로

사랑의 언어

당신은 어떨 때
사랑이라고 느끼나요?

칭찬받을 때
선물을 받을 때
스킨십을 해 줄 때
같이 시간을 보낼 때
집안일을 도와줄 때

어떤 것이 사랑일까요?

나의 사랑은 옳고
너의 사랑은 그르지 않아요

각자의 방식으로 표현하고
각자의 방식으로 느끼지만
모두 사랑이에요

월경

여자에게는 한 달에 한 번씩
마법이 반복된다

기분이 다운 되었다가
업 되었다가
호르몬에 따라 몸이 춤을 춘다

슬픈 춤
느린 춤
우울한 춤
유혹적인 춤

그 춤에 따라
남자의 애간장이 널을 뛴다

이런 춤 뒤에
아이가 탄생하고 인류가 번성한다

출산

한 사람이 온다는 것은
우주가 오는 것이라 한다
우주의 기운이 모여 한 사람이 태어난다

출산의 그 순간에는
엄마도 울고 아빠와 아이도 운다
슬픔이 아니라 기뻐서 우는 것이다
첫 만남의 울음은 기쁨과 감동이 있다

그렇게 태어나고 귀하게 키워지고
부모의 축복으로 살아가는 것이다

기쁨의 울음 속에서 태어난 귀한 존재다
모든 생명은 하나의 우주다
부모에게는 새로운 생명이 우주다
출산은 고통이 아니라 축제다

산부인과 의사·1

산부인과 의사 되기를 정말 잘했어요
태어나는 순간부터 갱년기 여성까지
모든 여성을 만나지요

남편과 잘 지내는 여성이나
사이가 좋지 않은 여성까지
소변을 못 보는 여성이나
소변이 새는 여성까지
자존감이 낮은 여성부터
자존감이 높은 여성까지

질염이나 자궁암에 걸린 여성도
생리통이나 자궁근종이 있는 여성도
모두 치료를 하는 직업이 산부인과 의사입니다

모든 여성을 진료하면서 치료가 가능한 곳
여성의 희로애락을 같이합니다

〉
임신했을 때의 그 힘듦도
아기가 태어날 때의 그 감동도
폐경을 진단하는 그 해도
같이하는 사람이 산부인과 의사입니다

그 중요한 순간에 함께하는 것이
산부인과 의사의 일이고 기쁨입니다
저는 그 일을 사랑합니다
저를 찾는 여성을 사랑합니다

산부인과 의사·2

신비한 탄생의 순간순간을
산모와 함께 맞이합니다

새 생명의 탄생
얼마나 신비하고 놀라운 일입니까

꿈과 행복을 안겨주는
하나님의 특별한 선물이지요

하늘이 보내주신 사랑의 씨앗
이제 만나기가 참 어려워요

아름다운 생명을 맞이하는
행복한 의사가 되고 싶어요

산부인과 의사·3

여성과 감사만 생각한다

여성의 행복과 더불어
가정의 행복도 생각한다

여성과 더불어 사는
남자의 삶도 걱정한다

여성, 남성, 가정, 사회, 인류
모두 산부인과 의사의 책임이다

너무 과장되었나?
산부인과 의사는 그렇게 생각한다

이쁜이 수술·1

180일만 참고 살자
예뻐 보이게 만든다는데
마늘과 쑥만 먹고 살래도 참을 판이다

맛의 표준화로
전 세계를 평정한 햄버거처럼
대한민국 의사 수술 실력은 대단하다
이쁜이 수술은 흔하지만 아주 중요한 수술이다
여자를 가꾸는 데 이 이상은 없다

진정 여자의 아름다움을 알고 싶다면
여자가 정말로 예뻐진다는데,
남자는 보채지 말고 180일만 참자

나무의 속이 궁금하면
허리를 베어 보면 되지만
사랑하는 여자 허리를 벨 수는 없는 일
이쁜이 수술, 그 이름 기가 막히게 지었다

이쁜이 수술·2

이뻐진다고 해서
이쁜이들이 한다고 해서
이쁜이 수술을 받았다

놀랍게도 수술 후에
남편이 날 너무나 이뻐한다

왜 이뻐하냐고 물었다
그냥 이쁘단다

이뻐 보이고 싶거나
이쁨을 받고 싶으면
이쁜이 수술을 받자

그런 수술이 어디 있겠어?
거짓말 같지?

해 보면 알게 되고 사랑받게 된다

2
아름다운 꽃

아름다운 꽃

향기 없는 꽃을 찾는 벌 나비는 없습니다
꿀이 없는 꽃을 찾는 벌 나비도 없습니다

초롱초롱한 눈동자에 촉촉한 그대 입술은
날아가던 길을 멈추게 하고 날 유혹했어요

아침 이슬을 머금은 꽃잎은 아름답습니다.

그러나 이미 말라 굳어버린 꽃잎으로는
비록 고운 색깔과 향기가 남아 있다 하여도
그 꽃으로는 벌 나비를 맞이할 수 없습니다

우린 메마른 감정으로도 사랑할 수 없지요
따뜻한 맘 달콤한 꿀 촉촉한 꽃으로 기다려요

슬기로운 부부생활

부부가 된다는 것은
영겁의 인연이 있어야 한다죠

아이들의 엄마, 아빠로
경제적인 가장으로
서로의 성 파트너로
그리고 친구로
부부가 같이하죠

네가 덜 주면 내가 더 주고
내가 부족하면 네가 채우고
올록과 볼록이 만나서
서로의 장단점을 채워주죠

슬기로운 부부생활은 평생 이렇게
서로의 잔을 채우는 관계입니다

한쪽 잔만 넘치지 않게
한쪽 잔만 비우지 않게
서로를 채우는 생활이죠!

슬기로운 성생활

배운 게 없다
아는 게 없다
그런데 잘해야 한다

비교할 수가 없다
정답도 없다

천천히 부드럽게
둘이 하나가 되게
서로가 노력해야 한다

성교통

사랑하면 좋을 줄 알았다
그런데 웬 통증?

어떻게 사랑이 아플 수 있지?

사랑하면 행복할 줄 알았다
그런데 어떻게 아플 수가 있지?

근육의 온도가 떨어지면
근육이 아프듯이
사랑의 온도가 떨어지면
사랑도 아프다

근육이 아프면 치료하듯이
사랑이 아프면 치료할 수 있다

질 건조증

여름의 뙤약볕 아래 논처럼
질이 쩍쩍 갈라지기 시작했어요
여름 논에 물이 필요한 것처럼
여성의 질에도 물이 필요해요

갈라지고 메마른 논을 돌보듯이
여성의 질은 남편이 사랑으로 돌봐야 해요

농부에게 논이 생명인 것처럼
여성에게 질은 생명이에요

자신의 젖줄을 관리하듯 해 주세요
논에 물을 줄 때 호스가 필요하듯이
질에 물을 줄 때 레이저가 필요해요
질 건조증으로 아프기 시작하면
남녀관계도 가정도 아파져요

질 건조증이 해결되면 질이 행복하고
당연히 남녀관계도 가정도 행복해져요
질 건조증은 인류 평화에 중요합니다

인류의 평화를 위해서
질 건조증을 해결해 주세요

질 회춘

내 나이는 50세인데
나의 질 나이는 몇 살일까요?

65세라구요?
헐~~~

50살이 넘으면
여자가 아니라고 하더라구요
그럼 어떡하죠

어떡하면 질 나이를
젊게 만들 수 있죠?

내 질 나이를
젊게 만들어 주세요

질 회춘이 가능한가요?

피부관리를 하듯이 하면
질도 회춘이 가능한 거군요

세상 참 많이 좋아졌네요!

교만과 우울 사이

때로는 누구보다도 잘난 체하다가
또 어떤 날은 더 못난 사람이 되곤 한다

교만했다 우울했다 이랬다저랬다
마음이 자꾸 흔들릴 때가 있다

내 교만함이 커질 때
우울함이 나를 겸손케 하고

우울함이 커질 때는
나에게 언제 교만함이
있었나 의심스러워진다

내게는 교만함도 우울함도 필요하다

시소처럼 나에게 오는
이 감정들이 내게는 모두 소중하다

나의 휴식

편안하게 자는 것이 나의 휴식이다

진료하기에 최적의 몸을 만들기 위해
아무것도 하지 않고 편한 잠을 잔다

무언가 소망할 일이 있으면
잠자리에서도 간절히 기도한다.
진료하는 모든 사람에게 건강을!
사랑하는 모든 사람에게 행복을!
마음에 평화를 달라고 기도한다

평일에는 환자를 진료할 수 있도록
아파도 주말에 아프게 해 달라고 기도한다

진료하는 의사의 몸 상태가 좋아야
환자도 더 좋은 진료를 받을 수 있다
의사의 휴식은 기도요 진료의 연장이다

나의 취미

내 유일한 취미는 드라마나 영화를 보는 것
특히 K-drama나 한류는 나에게 위로가 된다

드라마는 인간의 희로애락 喜怒哀樂에 따라
기뻐하고 노여워하고 슬퍼하고 즐거워하며
내게 위로가 되고 카타르시스도 된다

즐기다 보면 1주일이나 1달이 금방 지나가고
또 다른 드라마 볼 날을 기다리기도 한다

빠르고 복잡하고 예측 없이 돌아가는 세상에
무언가 기대할 것이 있다는 것이 얼마나 다행인가

그래서 나의 취미는 나를 위로하고 흥분케 한다

나의 선택과 고통

의사로 살면서 매 순간순간
아무도 대신해 주지 못하는 나의 일에
성취와 기쁨과 더불어 선택의 고통이 있다

검사를 하고 치료할지
검사하지 않고 관찰할지
경제적인 상황을 고려할지
질환의 경중을 고려할지
그 선택은 오로지 나의 몫이다

내가 직접 진료하고 처방할지
때로는 지금 당장 수술을 할지
종합병원으로 보내는 것이 나은지를
빠르게 선택해야 하는 순간이 많다

원하는 결과가 나오지 않거나
만족하지 않을 때 고통이 밀려온다

그 고통은 누구와도 나눌 수 없는
오로지 의사의 몫이기 때문이다

권태기

평생 사랑할 줄 알았다
그런데 오고야 말았다

핑크색 눈빛이 회색이 되었고
분홍빛 얼굴 화색이 사라졌다

감동이 없어지고
분위기는 무덤덤해졌다

둥그런 눈동자는 세모가 되었다

노년의 사랑

우리가 언제 이렇게 늙었는지
아이들이 할머니 할아버지라 부른다

어느 날 우연히 운명 같은 사랑이
우리를 찾아와 맘 설레게 하더라

마음이 콩닥거리고 자주 거울을 보고
곱게 화장을 하고 치아 스케일링을 했다

가장 좋은 옷을 꺼내 입었고
몸에서 나는 냄새에 신경 쓰기 시작했고
웃을 일도 수다 떠는 일도 많아졌다

조금 더 일찍 이렇게 사랑할걸
그래도 우리 늦지 않았어요

좋은 음식 좋은 영양제도 사랑보다 못해요
다시 젊어지는 방법은 사랑뿐이더이다

호기심·1

보이지 않는 곳은 보고 싶고 궁금하다

그 궁금한 호기심으로 수술 방법을 개발하고
꿈꾸면서 새로운 기계를 만들고
인류가 앞으로 나아가는 원동력이다

호기심으로 사기를 당하고 돈을 벌고
그리고 부자가 되거나 거지가 되기도 한다

호기심이 없었다면 얼마나 심심할까?

사람을 만나고 그 사람과 사랑에 빠지고
결혼하고 천사 같은 아이를 낳는다

만약에 내게 호기심이 없었다면
아무 생각 아무 행동도 하지 않았을 것이다

호기심으로부터 성취하고 발전하는
그것이 창조의 힘이다

호기심·2

너 손 한번 만져도 돼
응

너랑 키스해도 돼
응

너의 거시기 만져도 돼
응

너의 거시기에 넣어도 돼
응

너랑 결혼해도 돼
응

너의 아이를 낳아도 돼
응

이렇게 발전해서 결혼한다

사랑에는 호기심이 필요하다

같이 즐거워야

무엇이라고요?

누구는 잠을 자는데
혼자만 즐거워했다고요?

그 사람 바보가 아니면
뻥까는 소리지요

손잡는 것 가슴에 품는 것
즐겁고 행복한 것
모두가 다
혼자만 할 수 없는 것이구만요

그게 무슨 재미가 있겠어요
안 그래요?

3
아기 천사님

아기 천사님

눈이 초롱초롱한 아기를 보셨지요?

영혼이 맑고 선한 저 눈망울

바라보는 것만으로도 기쁨이었던 그날

내가 처음으로 만난 천사였습니다

임산부의 꿈

기어코 대통령이나 영웅을 낳을 거야
나의 못다 한 인생의 한을 담아서
내 꿈을 이루어 줄 아이를 낳을 거야

과학자 아인슈타인을 만들겠다는 꿈
그러다가 현실에 맞는 꿈을 꾸게 된다
중요한 것은 건강하게 자라는 것이다

어머니는 임신했을 때부터
평생 자식을 위해 기도하는 사람이다

아이는 엄마의 기도를 먹고 자라고
다시 또 임산부가 된다

에미의 꿈

에미로 사는 것이 무엇일까?

어렸을 때는 아기가 잘 먹고 잘 자고 잘 싸게 하는 것이었고
초등학교 때는 지각하지 않고 결석하지 않게 하는 것이었다

중학교 때는 사춘기를 무난히 넘기게 하는 것이었고
고등학교 때는 어떤 대학에 갈지 목표를 정하게 하는 것이었다

대학교 때는 어떤 사람이 될지 결정하게 하는 것이었고
대학원 때는 어떤 직업을 하게 될지 결정하게 하는 것이었다

그리고 육체적, 정신적, 경제적 독립을 시키는 것이다

그게 에미의 목표이고 꿈이었다

아들과 딸에게

내 몸 빌어 세상에 왔지만
너희들은 분명 내가 가질 수 없는
사랑하는 아들딸이다

자라서 어른이 되고
저마다의 재능에 따라 빛나겠지만
내가 키우고 만드는 것은 아니다

엄마가 할 일은 그냥 기쁨으로
응원하며 사랑하는 일뿐이다

나의 기도

10대는 의대 가기를 기도했고
20대는 좋은 의사가 되기를 기도했다

30대는 건강한 아기를 기도했고
40대는 병원의 무사고를 기도했다

50대는 나의 건강을 기도했고
60대는 아무 일도 일어나지 않기를 기도했다

70대, 80대가 되면 무엇을 기도할까?

엄마

말만 들어도 힘이 생기고
생각만 해도 눈물이 난다

마치 나를 위해서 태어난 것처럼
늘 걱정하고 사랑하고 기도하며
나에게 모든 것을 아낌없이 주셨다

엄마가 없는 세상은 생각할 수 없었다

살아계실 때도 하늘나라에 가셔도
나를 지키는 수호신이다
엄마가 떠난 하늘 아래에서도
엄마의 사랑과 기도를 경험한다

그렇게
세상의 모든 가정에도 엄마가 있다

나는 아직도 울고 싶어요

어릴 때는 코피가 나도 울었지요
배가 고파도 울었고
남들이 뭐라 뭐라 하면 서러워서 울었고
부끄러워서도 혼자 숨어서 울었습니다

치매라는 몹쓸 병에 걸려서
자신이 누구인지도 모르시던
내 야윈 엄마를 바라보면서 울었고
하늘나라로 보내드리면서도
가슴이 아프고 허전하여 울었습니다

이제는 정말 울지 않으려 했지만
아들과 딸이 의사가 되었다는 기쁨에
눈물을 흘리며 또 울고 말았습니다

이제는 기뻐서 울고, 고마워서 울고
보고 싶고 그리워서
창밖 먼 하늘 어머니를 생각하며
혼자 고맙고 행복해서 울고 있습니다

부부

평생 사랑한다고 해서 결혼했다
처음에 무척이나 의지했는데
점점 남편이 아니라 막내아들 같고
남편은 아내가 큰딸 같단다

아들에게 남편의 모습을 보고
딸에게 아내의 모습이 보니
이제 다투고 싸울 일이 없어졌다

젊을 때의 모습은 사라지고
같이 늙어가니 측은지심이 생긴다

남편과 아내는 동반자
미운 정 고운 정 다 들어서 부부다

나중에 아내나 남편이 치매에 걸리면
한 사람이 옆에서 돌봐줘야 하는 짝
부부는 영원히 같이 가야 할 짝꿍이다

다섯 가지의 도둑

의사인 저도 어느 스님에게 배웠습니다

우리의 몸에는 다섯 도둑이 있답니다

예쁜 것만 좋아하는 눈이라는 도둑놈
좋은 말만 들으려는 귀라는 도둑놈
좋은 냄새만 맡으려는 코라는 도둑놈
좋은 것만 먹으려는 입이라는 도둑놈
쾌감만 얻으려는 몸이란 도둑놈

이 다섯 도둑놈을 잘 다스리지 못하면
답답하고 아프고 슬픈 환자가 된다지요

곰보다는 여우

여우하고는 사는데 곰하고는 못 산다.

남편이 싫어하는 것을 계속하면 곰

남편이 좋아하는 걸 계속하면 여우

눈치코치 없으면 곰
눈치 백단이면 여우

남편이 뭘 좋아하는지
뭘 싫어하는지
잘 모르면 곰
잘 알면 여우

당신은 여우예요? 곰이에요?

고마운 것과 사랑하는 것

아내가 남자의 아이를 낳아주면 고마운 것

아내가 남자와 키스하면 사랑하는 것

아내가 남자의 빨래를 해 주면 고마운 것

아내가 남자와 스킨십하면 사랑하는 것

아내가 남자의 밥을 챙겨주면 고마운 것

아내가 남자의 몸이 들어오게 하는 건 사랑하는 것

고마운 것과 사랑하는 것은 같을까? 다를까?

갱년기

인생의 가을이 되면 갱년기라 말한다
산전수전 다 겪었지만 살아남았다
돈을 못 벌었다고 실망할 필요 없다

누가 쉰 넘은 여자는 여자가 아니라 했는가
지혜롭고 여유로운 나이가 되지 않았는가
갱년기가 되면 걸어 다니는 도서관이 된다

아직도 꿈이 있고 할 일이 많다
자식에게 일러줄 것도 많고
제대로 된 사랑을 못 해 본 사람
지금 사랑을 시작해도 되고
여유로운 식사를 할 수 있다

여행을 떠나고 싶으면 여행을 떠나자
이제는 가는 순서가 정해져 있지 않다
버킷리스트를 정해서 놀자
노는 것에도 연습이 필요한 나이다
사랑은 갱년기의 특혜이며 명약이다!

체력이 떨어지면

어느 날부터인가 체력이 떨어짐을 느낀다

나는 내가 백만 스물하나, 백만 스물둘
에너자이저인 줄 알았다

그런데 오전이 지나면 체력이 떨어지고
오후가 되면 커피를 마셔서 버티고
이른 저녁이면 잠을 자야 했다

그리고 늦은 저녁에 일어나서
책을 읽고 글을 쓰고 방송 준비를 했다

그런데 체력이 떨어지니까 좋은 점이 있다

보기 싫은 사람 안 보고
하기 싫은 일은 안 하게 되었다
이렇게 단조로운 삶이 편하고 좋다

폐경 이후의 삶

폐경이 되면 사는 것이
아무 의미가 없는 줄 알았다

살아도 아무 재미도 없고
아무 낙도 없을 줄 알았다

그런데 그게 아니었다

훨씬 지혜로워졌고
삶이 더 편안해졌다

그래서 난, 지금이 참 좋다
폐경 이후까지 못 살았다면

어쩔 뻔했어?

치매

사랑하는 딸의 이름을 잊어버린
엄마의 치매 어찌해야 할까요

금방 밥을 먹고 안 먹었다며
또 밥을 찾는 엄마

집에 오면 병원에 가자고 하고
병원에 가면 집에 가자고 하신다

치매 걸린 엄마 전화를 받으면서
전화기를 찾기 시작하네요

방금 했던 질문을 반복하는
자신을 발견하고 절망했던 적 있으세요?

치매는 나이 먹으면
어쩔 수 없이 찾아오는 유전병인가요
무서워요 치매를 피하고 싶어요

〉
딸은 엄마를 닮아간다는데
그런데 치매도 점점 닮아가고 있네요

나도 엄마처럼 어느 날 딸의 이름뿐만 아니라
나 자신을 잊어버릴 날이 오겠죠?
무서운 병입니다

4
홍시

홍시

가을 하늘은 어찌
저리도 높고 푸른가요

감나무엔 감 홍시가
꿀맛으로 익었구나

나는 무엇으로 익어
그대 입맛 돋우어 줄까

첫사랑

그대에게 사랑한다는 말은
한 번도 하지 못했어요

첫사랑은 이루어지지 않는다고요?
정말로 이루어지지 않았어요

첫사랑은 아직도 꿈에 나타나요

만약 그 시절로 돌아간다면
차라리 사랑을 고백하겠어요

고백했다면 이렇게 자주
꿈에는 안 나타나겠죠!

미숙하고 어설프고 열정만 있던
첫사랑은 두 번은 하고 싶지 않아요

사랑하세요

혼자 맘으로만 하는 것은
사랑하는 것이 아닙니다

기다리고 저울질하고
계산하지 마세요
좋으면 좋다고 하세요
사랑하면 사랑한다고 하세요

고민하고 망설이지 말고
지금 바로 사랑한다고 하세요
그게 뭐 그리도 어렵습니까

우리는 언젠가
다 죽어야 하잖아요
후회하지 말고 사랑하세요

사랑은 받는 것보다
내가 사랑하는 것이
훨씬 더 즐겁고 좋습니다

정말?
정말?

술

마음에 드는 남자를 만나거든
그와 술을 마셔보시라

술은 사람을 예쁘게 만들고 섹시하게 한다

술을 한 잔 두 잔 마시면
마음에 품었던 단어가 흘러 나오고

실수인 듯 진심인 듯
두 사람은 가까워질 것이다

없던 열정이 뿜어나와
안 하던 고백도 하게 될 것이고

술기운을 빌려 진심을 얘기해라

그렇게 남녀의 역사는 시작된다

사랑에 대한 변명

돈이 없어서, 시간이 없어서
노년에는 체력이 안 돼서 못 하겠더라
이게 사랑에 대한 변명이다

죽을 때 가장 후회하는 것 1위는
맘껏 사랑해 볼걸 이라 한다

급한 것이 있어서 핑계만 대다가
죽을 때는 안타까워하는 것이 사랑이다

왜 잘생긴 남자나 이쁜 여자만
할 수 있단 말인가?
왜 젊고 건강하고 돈이 많은 사람만
할 수 있단 말인가?

사랑하기에 내게 남은 시간이 짧다
나이, 학력, 외모, 돈 모두 상관없다
사랑하는 마음이 있으면 가능하다

〉
이제 머뭇거리지 말고 사랑하자
양보하고, 시간도 쓰고, 에너지도 쓰고
그렇게 마구마구 주면서 사랑을 하자!
미룬다고 오는 사랑이 아니야!

여자에게 밤은

사랑에 빠진 여자에게
밤은 뜨겁고 설레임이다

그런데
갱년기 여성에게는 무서운 밤이 되지요

그냥 바쁜 척 집안일을 하면서
남편이 먼저 잠들기만을 기다리죠

어떤 여성에게 밤은 설레는 일이고
어떤 여성에게 밤은 공포예요

당신의 밤은 어떤가요?

모든 여성의 밤이 설레도록
산부인과 의사가 함께합니다

남자에게 밤은

사랑에 빠진 남자에게
밤은 뜨겁고 설레임이다

그런데
갱년기 남성에겐 무서운 밤이 되지요

아픈 척 바쁜 척
아내가 먼저 잠들기만을 기다리다
집에 늦게 들어가죠

어떤 남성에게 밤은 설레는 일이고
어떤 남성에게 밤은 공포에요

당신의 밤은 어떤가요?

모든 남성의 밤이 설레어야
여성도 행복하답니다

우울증

갈대숲의 서걱이는 바람 소리는
듣는 이의 맘도 쓸쓸하게 만든다

모두가 웃는데
웃음이 나오지 않고
맘속에 구름이 있다

밥을 먹어도 행복하지 않고
잠을 자도 개운치 않다

그럴 때
밥도 먹지 말고
잠도 자지 말고
하루 내내 걸어보자

삶에서 먹고 자는 게
얼마나 소중한지
그걸 위해서 얼마나 치열하게
살아야 하는지

삶이 우울해 보면 알 수 있다

간병인

인간의 노후를 도와줍니다

이를 닦아주는 것도
몸을 씻어주는 것도
똥 기저귀를 갈아주는 것도
간병인이 도와줍니다

몸에서 냄새가 나고
사람 꼴이 더러워지고
인간답지 않게 되는 것도
한순간입니다

그래서 나이 들어서
간병인을 잘 만나야 합니다

그분들의 도움으로
그나마 인간의 꼴이 만들어집니다

환자의 소망

모든 환자의 소망은
아프지 않고 건강하고 행복하게
오래오래 사는 것이다

산부인과 환자의 소망은
여자로서 사랑받고
내가 원하는 남자를 사랑하고
둘이 행복하게 사는 것이다

환자의 소망은 능력 있는 의사와
협업을 통해서 이루어진다

입

내가 확실하게 알고 있는 것 하나
먹지 못하는 생명은 모두 다 죽는다

그 중요한 일을 담당하는 것이 입이다

그뿐만 아니라
생각을 말로 전달하는 통로다

먹지 못하면 굶어 죽을 것이고
말하지 못하면 숨이 막혀 죽는다

입맞춤으로 사랑을 전달하고 확인하죠

커피

커피 향을 맡으면
같이 마셨던 사람이 생각난다.

비엔나 커피는
차가워 보이는 표정에
뜨거운 맘이 있는 그가 생각나고
카프치노는
입술에 거품을 묻히면서 마시던
그녀가 생각난다

우울할 때마다 카페모카를 마시던
다혈질의 정의로운 그 사람
열이 많아서
아이스 아메리카노만 마시던
그가 생각난다

비가 오는 날 분위기에 젖어
아메리카노 커피를 내려 마시던
뜨거운 그 사람이 생각나고

달달하고 스윗한
카페라떼 같은 그녀도 생각난다

오늘, 커피향을 맡으며
누군가와 사랑에 빠지고 싶다

위

배가 불러도 커피를 마셔도
열심히 일하고 있는 너

가끔은 다이어트를 하면서 힘들게 했지만
가장 좋은 음식을 주려고 늘 노력한단다

결국 너를 먹여 살리기 위해 일을 하고
좋은 음식을 주려고 많은 정보를 검색한다

너를 위해 뇌도 일하고
손과 발도 일을 하고 있지!
하지만 너는 참을성이 많아서
웬만큼 아파서는 아프다는 신호를 안 하는구나

네가 많이 아파서 고생하는 사람들이 많다

너의 건강을 확인하기 위해
적어도 2년에 한 번씩 검사해야 한단다

손

나의 아이를 만질 때
나에게 오는 환자를 치료할 때
너는 백 가지 일을 한다

너는 내가
명의가 되게 해 주고
글을 쓰게 하고
수술을 잘하게 해 주지

사람을 어루만질 때
부드러운 손은
열 마디의 말보다
더 많은 말을 하지

네 덕에 의사가 되고
네 덕에 엄마가 되고
네 덕에 누군가의 아내가 되지

너의 덕분이야

눈

몸이 10할이면 눈은 9할

네가 없었으면
사랑하는 아들과 딸이 태어나는 것도
못 봤을 거야

네가 없었으면
시도 못 읽고
좋아하는 드라마도 못 봤을 거야

네가 없었으면
꽃도 못 보고
하늘도 못 보고
아름다운 너의 눈도 못 봤겠지

아름다운 세상을
아름다운 너를 오래오래 볼게

의사의 역할

나는 의과대학에 입학할 때부터
어떤 의사로 살 것인지가 나의 화두였다
읽고 듣고 보고 생각하고 경험하며 살았다
그렇게 해서 산부인과 의사가 되었다

어떤 의사로 살아야 할지
40년 동안을 계속 생각하고 있다
TV나 영화를 보거나 책을 읽으면서도
내가 가야 할 의사의 길을 생각했다

진료하는 순간에도 수술이나 시술을 할 때도
의사로서 어떤 선택이 최선인지 고민한다
평생 더 나은 의사가 되기를 기도하고 행동한다

설사 결과가 좋지 않았더라도 나의 행동이
인류 앞에 한 점 부끄러움이 없기를 기도한다

나의 외로움

내게는 혼자 있는 시간이 꼭 필요하다

남모를 지독한 외로움은 늘 따라다닌다

외로움이 심한 날은 너무 고독하다

오랜 시간의 외로움과 고독은

나를 강하게 또 나답게 만들었다

오늘은 혼자 외로움을 즐기는 날이다

외로움이 좋다 외로움이 좋다 하고

혼자서 노래 같은 주문을 외운다

할매

할매 혼자 뭐 하세요?

마당에 저 꽃 좀 봐라!

누굴 만나려고

저토록 곱게 차려입고

여기까지 왔을까?

옛날 생각나시나요?

내가 늙어도 여자니까

저처럼 고울 때가 있었지

꽃 피던 그때를 생각하면

아직도 맘은 따뜻해지거든

사랑은 소유가 아니다 존중이다!

윤향기 | 시인, 평론가, 경기대 교수 역임

고대 그리스 도자기에 당당히 그려져 있는 sex 체위, 한낮에도 성기를 드러내 놓고 알몸을 과시하는 이탈리아 조각상들, 인도의 카쥬라호에서 만난 민망하기 그지없는 에로의 극치인 체위들을 보며 수천 년 전에도 환하게 성을 바라보았던 그들의 시선에 충격을 받은 적이 있다. 전통적이고 학습된 시선에 기대지 않는 성이야말로 진정한 예술이며 창조의 에너지임을 간파했다.

『여자의 몸은 모두가 꽃이다』
박혜성 시인의 작품을 너무 재미있게 읽었다. 꽃봉오리가 톡톡 피어나는 소리가 들린다. 이렇게 속이 뻥 뚫리는 경험은 새롭다 못해 싱그럽다.
가볍지 않은 주제를 이토록 쉽고 독특하고 재미있게 끌고 가는 시는 본 적이 없다.

추천사

"안녕하십니까? 박혜성입니다."로 시작되는 유튜브는 인기 만점이다.

저자의 깊어진 전문의의 경륜과 인문학적 통찰력에 감정세럼 한 방울 친 인간다움의 순간들은 매번 나를 매혹에 물들게 한다.

솔직해진 성! 양지바른 성! 사랑과 문화는 지루해지면 안 된다.

상처도 위로도 인간으로부터 오기 때문이다. 그럼에도 불구하고 다른 가치와는 다르게 성문화는 참으로 더디게 변해온 게 사실이다. AI와 사랑을 하는 세상이라지만 모름지기 가장 아름다운 사랑은 인간과의 사랑이다.

성을 바라보는 비틀린 시선에 강요되어 진정한 즐거움을 포기한 사람들에게 이 책을 권한다. 이 책에 실린 시들은 저자의 소유가 아니다. 한 편 한 편을 읽고 감동을 일으켰다면 그건 분명 그 시를 읽은 독자의 것이 되는 것이다.

도파민 팡팡 터지게 만들어주는 제3, 제4 시집을 기대하며 박수와 함께 완전 강추 드린다.

성과 사랑, 행복을 만들어가는

장호병 | (사)한국문인협회 부이사장

『여자의 몸은 모두가 꽃이다』 상재를 축하드립니다.

저자 박혜성 박사는 90년대 중반 개원한, 아이 잘 받는 산부인과 전문의이자, 시인입니다. 또한 전공영역인 성 클리닉 경험과 상담을 기반으로 이 땅에 성문화 담론에 한 획을 그은 인기 유튜버입니다.
박혜성 원장의 글과 유튜브 콘텐츠의 인기가 높은 비결은 해부학적 지식과 사람의 마음이 어떻게 작동하는지를 보여주는 인문학적 접목에서 오는 통합적 사고에 기반하기 때문입니다.

독자 여러분, 성과 사랑, 행복을 만들어가는 대열에 동참하여 아름다움에 대한 새싹 하나쯤은 가슴에 품으시기 바랍니다.

박혜성 시인의 시! —— 추천사

허홍구 | 시인, 우리말살리는겨레모임 공동대표

박혜성 시인이 누구인가?

산부인과 전문의이며 의학박사이며 동두천 해성산부인과 대표원장이며 유튜브 산부인과 TV의 40만 구독자를 가진 인플루언서이다.

내가 잡지를 편집할 때 초대한 〈명사 초대석〉의 필진이었지만 또 내 시의 애독자이기도 했었다.

지금 생각해보니 30년의 긴 인연이다.

언제나 바쁘게 일하고 늘 웃음 가득한 얼굴로 손님을 맞아주고 맛깔나는 글과 말로 상대를 안심시키고 편안하게 대해주는 여의사다.

언젠가 시 쓰기를 권했다.

아무나 쓸 수 없는 산부인과 의사로서 사람의 인체 그중에서도 여성에 관해서 시 쓰기를 권하며 이쁜이 수술, 입맞춤, 젖가슴, 오르가슴 등등 일반인들이 함부로

쓸 수 없는 영역을 주제로 하여 시를 써보라 권했다.
 혹 야한 글이라도 전문 의사가 적은 글이라면 함부로 이러쿵저러쿵 말하지 않으리라 믿었기 때문이다.
 제목도 여러 가지를 미리 알려주면서 써보기를 권했더니 와! 놀라운 글을 내게 보내왔다.

 모르긴 해도 이 시집을 세상에 내어놓으면 큰 호응을 받으리라.
 산부인과 전문의 박혜성 원장을 찾는 모든 상담자에게는 다정한 사랑의 편지가 될 것이며, 사랑하는 방법을 모르는 모든 사람에게는 쉽게 알려주는 사랑의 교과서가 될 것이라 믿는다.

* 누구나 읽고 들으면 고개를 끄떡일 수 있는 쉬운 글이다.
* 쉬운 글을 비틀어 어렵게 말하지 않고 포장하지 않았다.

추천사

* 굳이 시라고 생각하지 않고 사랑의 편지글처럼 적었다. (사실 모든 시는 사랑의 편지, 러브레터라 하지 않는가?)
* 그를 찾는 상담자에게 웃음과 위로와 용기를 주는 메시지다.
* 한 줄의 광고 문구처럼 쉽고, 짧고, 강렬하고, 울림이 있다.

　읽는 독자들을 웃기고, 용기를 주고 도전하게 하는 글이다.
　사랑하고 싶은 모든 이들과 사랑받지 못하는 모든 가정에 던지는 산부인과 전문의 조언이며 위로와 치유와 즐거움의 시편들이다.